AF385265

3ᵉ Vente VIGNÈRES (N° 34)

ESTAMPES

ANCIENNES

DE TOUTES LES ÉCOLES

ORNEMENTS

DU XVIᵉ SIÈCLE

ET

GRAVURES EN LOTS

VENTE

HOTEL DROUOT — SALLE N° 4

Les Mardi 3 et Mercredi 4 Février 1885

A UNE HEURE ET DEMIE

Mᵉ Maurice DELESTRE	M. DUPONT aîné
COMMISSᵉ-PRISEUR	MARCHAND D'ESTAMPES
Rue Drouot, n° 27	Rue de Seine, n° 21

PARIS — 1885

CATALOGUE

(N° 34)

ESTAMPES

ANCIENNES

DE TOUTES LES ÉCOLES

Aldegraver, Béham, Berghem, Th. de Bry
Brébiette, Callot, Et. Delaulne
Della Bella, Denon, Albert Durer, Hollar, Karel du Jardin
Lucas de Leyde, Ostade
George Pencz, Rembrandt, Swanevelt, Téniers, Van de Velde
Virgile Solis, Waterlo, Wiérix, etc.

ORNEMENTS

DU XVIᵉ SIÈCLE

ET

GRAVURES EN LOTS

3ᵉ VENTE

Par suite du Décès de M. VIGNÈRES

MARCHAND D'ESTAMPES

HOTEL DES COMMISSAIRES-PRISEURS

RUE DROUOT, 9, SALLE N° 4

Les Mardi 3 et Mercredi 4 Février 1885

À UNE HEURE ET DEMIE

Par le ministère de Mᵉ **MAURICE DELESTRE**, Commissaire-Priseu
rue Drouot, 27,
Assisté de **M. DUPONT** aîné, Marchand d'Estampes,
rue de Seine, 21.

PARIS 1885

CONDITIONS DE LA VENTE

Elle sera faite au comptant.

Les Acquéreurs paieront cinq pour cent, en sus des enchères, applicables aux frais.

M. DUPONT, chargé de la vente, se réserve la faculté de réunir ou de diviser les lots.

ORDRE DES VACATIONS

PREMIÈRE VACATION

Mardi 3 *Février* : Estampes........... Nᵒˢ 1 à 236

DEUXIÈME VACATION

Mercredi 4 *Février* : Estampes........ Nᵒˢ 237 à 377

— Gravures en lots.. — 378 à 458

DÉSIGNATION

ESTAMPES

1 **Aldegraver**. Histoire d'Adam et Ève (B. 1, 3, 5 et
6). 4 p.

2 — Histoire de Loth (B. 14-17). — Le Jugement de
Salomon (B. 29). 5 p., belles ép.

3 — Histoire de Loth (B. 14, 16). — Histoire de Suzanne (B. 31, 33).— Paraboles du mauvais riche (B.
46, 48). 6 p.

4 — Histoire d'Ammon et de Thamar (B. 24 et 28).
2 p., belles ép.

5 — Les Évangélistes (B. 57, 58, 60). 3 p.

6 — Saint Marc (B. 58). — Le Père Sévère (B. 73). —
Mars (B. 76). 3 p.

7 — Sophonisbe (B. 62). — Thisbé (B. 102). 2 p.

8 — Tarquin et Lucrèce (B. 63). — L'Enlèvement (B.
67). — La Fortune (B. 143). — L'Humilité (B. 117).
— L'Orgueil, l'Envie (B. 124, 125). 7 p.

9 — Les Divinités qui président aux sept planètes (B.
74 à 78). 5 p.

10 — Les Travaux d'Hercule (B. 85, 86, 87, 90, 93, 95).
— Hercule et Anthée (B. 96). 7 p., belles ép.

11 — Les Danseurs de noce (B. 160 à 167, 169). 9 p.

12 — Les Danseurs de noce (B. 168, 170). 2 p.

13 **Aldegraver.** Rinceaux d'ornements, agraffes (B. 241, 244, 258, 282). 5 p.

14 — Gaines, Rinceaux d'ornement, Dessins d'agrafes (B. 213, 214, 225, 236, 246, 258, 266, 269, 277, 279, 282). 10 p.

15 — Les Travaux d'Hercule. — L'Enlèvement. — Mercure, etc. 9 p.

16 **Backuysen** (L.). Marines. Suite de 10 p., plus le titre et un portrait. Très belles ép.

17 **Baillie** (W^m). Le Peseur d'or, d'après Rembrandt. Très belle ép. avant la lettre.

18 **Barrière** (Dom.). Vues, Paysages et Marines. 13 p.

19 **Bauduins.** Paysages avec figures. 16 p.

20 **Baur** (W^m). Paysages avec sujets. 14 p., très belles ép.

21 **Béham** (Hans Séb.). Adam debout (B. 3). — Moïse et Aaron (B. 8). — L'Homme de douleurs (B. 26). — — L'Enfant prodigue (B. 31). — Saint Pierre et Saint Paul (B. 37). — Cimon nourri par sa fille (B. 75). — La Bonne Fortune (B. 140). — Le Soldat (B. 203), etc. 16 p., belles ép.

22 — La Vierge immaculée (B. 17). — Les quatre Évangélistes (B. 55 à 58). — Saint Antoine, l'ermite (B. 64). — Saint Sébalde (B. 65). — Didon (B. 80). Trajan (B. 82), etc. 17 p., belles ép.

23 — Jésus et la Samaritaine. — Jésus chez Simon le Pharisien (B. 24, 25). — L'Enfant prodigue (B. 31, 32). 5 p., belles ép.

24 **Béham** (Hans Seb.). Achille et Hector (B. 68). —
Combat entre les Grecs et les Troyens (B. 69). —
Lucrèce (B. 79). — Un Triton et une Néréide (B. 86,
87). — Le Jugement de Pâris (B. 88, 89. — Combat
de trois hommes (B. 95). 8 p., belles ép.

25 — Cimon nourri par sa fille (B. 75). — L'Arithmétique (B. 124). — Étude d'une tête d'homme (B. 219).
4 p., belles ép.

26 — Combat entre des centaures (B. 94). — Le
Triomphe (B. 143). — Le Char de triomphe (B. 237).
— Frise avec rinceaux d'ornement. 4 p., belles ép.

27 — Les Travaux d'Hercule (B. 96, 97, 99, 100, 101,
104, 105). 8 p., très belles ép.

28 — Les Travaux d'Hercule (B. 96, 98, 100, 101). 4 p.,
belles ép.

29 — Les Planètes (B. 114, 115, 116, 119). — La Reli-
gion chrétienne victorieuse (B.128). — La Prudence,
la Charité, la Justice (B. 130-132). — Le Paysan al-
lant au marché (B. 191), etc. 18 p., belles ép.

30 — Mercure (B. 119). — La Tempérance (B. 136). —
Noces de village (B.167, 169, 171, 172, 173, 176, 177).
— Le Paysan et la Paysanne au marché (B. 186,
187). — Le Paysan à la fourche (B. 188). — Les trois
Soldats et le Chien (B. 196). — La Sentinelle auprès
des tonneaux (B. 197), etc. 21 p., belles ép.

31 — Les Arts libéraux (B. 122, 124, 126). — La Reli-
gion chrétienne victorieuse (B. 128). — La Mélancolie (B. 144). 5 p., belles ép.

32 — L'Arithmétique (B. 124). — La Mélancolie (B.
144). — Les Noces de village (B. 163). — Le Berger
(B. 216). 4 p., belles ép.

33 **Béham** (Hans Seb.), La Patience (B. 138). — L'Impossible (B. 145). — Paysan et Paysanne dansant. 3 p., très belles ép.

34 — Figures de villageois. (B. 154, 155, 157, 158, 159, 160, 161, 162). 11 p., belles ép.

35 — Noces de village (B. 157). — Le Paysan à la fourche et son compagnon (B. 188, 189). — La Sentinelle auprès des tonneaux (B. 197). — Le Porte-Enseigne (B. 200). —Les deux Bouffons (B. 213). 6 p., très belles ép.

36 — Groupe d'enfants nus. — Enfant endormi (B. 210, 211). — Génie tenant un écusson d'armes (B. 258). 3 p., belles ép.

37 — Etude d'une tête d'homme. — Etude d'une tête de femme (B. 219, 220). 2 p. imprimées sur la même feuille, très belle ép.

38 — Vignette au mascaron, 1544 (B. 228). Très belle épreuve.

39 — Le petit Bouffon (B. 230). Très belle ép.

40 — Le Mascaron, 1543 (B. 231). Très belle ép.

41 — Les deux Génies, 1544 (B. 236). Très belle ép.

42 — Les deux Génies (B. 236). — Vignette au mascaron (B. 228). — Le Triomphe (B. 143), etc. 6 p.

43 — Dessins de chapiteaux de colonne (B. 247, 249). 2 p.

44 — Les Armoiries de Sébald Beham (B. 254). — Armoiries d'imagination, 1544 (B. 255). 2 p., très belles épreuves.

45 — Les Armoiries au coq (B. 256). Très belle ép.

46 — Les Armoiries à l'aigle (B. 257). Très belle ép.

47 — Didon, la Patience, etc. 6 p.

48 **Béham** (Hans Séb.). Une Femme nue assise. — Carte à jouer. 2 p., belles ép.

49 **Béham** (Barth.). La Vierge au perroquet (B. 7). — Le Triton et la Néréide (B. 22). — Le Monde comme il va (B. 39). — La Mère de deux enfants (B. 40). — Hallebardier à cheval (B. 49), etc. 7 p.

50 **Bergeret** (P.). Portraits de Bergeret, Benvenuto Cellini et André del Sarte. Ép. de graveur, en différents états d'essai.

51 — OEuvre de P. Bergeret. 29 p, gravées à l'eau-forte et au burin; la plupart en épreuves de graveur.

52 **Berghem**. (N.). Le Cahier à la femme. — Le Cahier à l'homme. 12 p., belles ép.

53 — La Vache qui pisse. — Le Troupeau à l'abreuvoir. 4 p., belles ép.

54 — Etudes d'Animaux, tirées de différentes suites, 24 p.

55 — Bergers gardant leurs troupeaux. 19 p., quelques doubles.

56 **Bink** (Jacques). Hercule et Nessus (B. 49). — Le Porte-enseigne, le Tambour et le Fifre (B. 66). — Le Paysan dansant avec une nouvelle mariée (B. 75). 3 p., belles ép.

57 — Ève. — Le Massacre des Innocents. — Soldats avec hallebardes, etc. 16 p.

58 **Boël** (P.). Aigles, Autruches, Pélicans. etc. 4 p., belles ép.

59 **Borcht** (Van). Paysages avec sujets de la Bible. 13 p., belles ép.

60 **Bossi** (Ben.). Mascarade à la Grecque, d'après E. A. Petitot. Suite de 10 p., belles ép.

61 **Both** (A.). Paysages avec figures. 10 p., belles ép.

62 **Boyvin** (René). Sujets mythologiques, entourés de bordures Renaissance. 23 p., belles ép.

63 **Brébiette.** Sujets mythologiques, en forme de frises. 44 p., très belles ép.

64 — Sujets de l'Ancien et du Nouveau Testament, Batailles, Allégories, etc. 33 p,

65 **Brussel** et **Brinckmann** (H.). Paysages. 20 p., très belles ép.

66 **Bruyn** (N. de). Les Amours Musiciens. — Amours jouant avec des chiens. — Amours assis sur des chèvres. 3 p., belles ép.

67 **Bry** (Th. de). Le Capitaine prudent. — Le Capitaine des folies. — Orgueil et Folie; fonds de Coupes. 3 p., belles ép.

68 — La Charité. — Le Capitaine prudent ; fonds de coupes. 2 p., belles ép.

69 — Marche de troupes. 3 p., en forme de frises ; très belles ép.

70 **Bry** (Théod. de). Marche de troupes. Très belle ép.

71 — La même estampe. Belle ép.

72 — Le Triomphe du Christ. Belle ép.

73 — Le Triomphe du Christ. — La Fontaine de Jouvence. 2 p.

74 — Entrevue de Jacob et de Rébecca. Belle ép.

75 — Fête de village, d'après Béham. Belle ép.

76 **Bye** (Marc de). Lions, d'après Paul Potter. Suite de 8 p., très belles ép.

77 — Tigres, d'après Paul Potter. Suite de 8 p., belles ép.

78 **Bye** (Marc de). Vaches et Moutons, d'après Paul Potter. 20 p., très belles ép.

79 — Lions, Moutons, Chèvres, etc., d'après Paul Potter. 13 p.

80 — Ours et Chevaux, d'après Marc Gérard et Paul Potter. 24 p., belles ép.

81 **Cabel** (Van der). Paysages et vues. 20 p., belles ép.

82 **Callot** (J.). Les Supplices. — Le Massacre des Innocents. — Le Martyre de Saint-Sébastien. — Les Banquets. 19 p.

83 — Les Apôtres. — Le Martyre des Apôtres. 51 p.

84 — L'Enfant prodigue, avant les Nᵒˢ. — La Passion. — Lux Claustri. — Saint-Livier. 64 p.

85 — Les Saints et Saintes de l'année. — Ecce Homo. — Paysages et sujets divers. 75 p.

86 — La Noblesse. — Les Gueux. — Fêtes de Florence. — Cavalcades. — Grandes Vues de Paris. 21 p.

87 — Les Misères et les Malheurs de la Guerre. Suite de 18 p.; copies.

88 — Les Caprices. — Les Gobbi. 44 p. —

89 **Campion de Tersan**. — Vues du Plessis Saint-Père. — 1ʳᵉ et 2ᵉ vue du Château de Cléreau, dans l'Orléanais. 4 p., très belles ép. Rares.

90 **Canaletti**. Vues de Venise. 11 p., belles ép. —

91 **Carrache**. (Aug.) Portrait du Titien. Belle ép; plus une autre rognée des côtés.

92 **Castiglione** (Balt.). Sujets divers. — Etudes de têtes. 36 p., belles ép.

93 **Cazin**. (J. B.). Frise antique, trouvée au Port au Blé. Vues et Paysages. 19 p., belles ép.

94 **Charlet**. Garde Nationale. — Tremblez ennemis de la France, 1er titre RR. — Sujets à la manière noire. 28 p.

95 **Chodowiecki**. Vignettes pour la vie de l'amiral Coligny, et une histoire de la Saint-Barthélemy, 24 p.

96 **Claëssens**. Le Villageois en belle humeur. — Les Amours et les Douceurs, d'après Jean Steen. 2 p., très belles ép., lettres grises.

97 — Le rieur. — Le Villageois en belle humeur, d'après J. Steen. — Le Voyageur. 5 p., belles ép. dont deux avant la lettre.

98 **Claussin** (de). Études de Têtes et Sujets divers. 11 p.

99 **Claussin** et **Bartch**, Études de têtes. — Sujets d'après le Guerchin. 8 p.

100 **Cochin** (C.-N.). Sujets historiques, Vignettes, Sujets religieux, etc. 48 p.

101 **Cook** (H.). Paysages avec fabriques et figures. 7 p., belles ép.

102 **Coclers**. La Bonne Nourrice. — La Marchande de Légumes. 4 p. dont 2 à l'eau forte pure.

103 **Collaert** (Adrien). Sujets mythologiques entourés d'arabesques. 2 p., belles ép.

104 **Crépy**. Médailles avec Portraits à deux sur la feuille. 31 p.

105 **Dé** (Le Maître au). Le Triomphe de Scipion, avant l'inscription et l'adresse, Apollon faisant chasser l'Envie du Temple des Muses, Apollon et Marsyas, arabesques, etc. 9 p.

123 **De Marcenay**. L'Étonnement, l'Effroy, Paysages. 7 p., belles ép.

124 **Demarne**. OEuvre de Demarne, gravée à l'eau forte. 32 p., très belles ép.

125 **Denon** (V.). OEuvre de Vivant Denon : Portraits, Sujets gravés d'après les anciens maîtres, Paysages, Sujets de genre, etc. 139 p. gravées à l'eau forte et lithographiées ; plusieurs sont en épreuves d'essai.

126 **Dessain** (E.). Paysages et Animaux, gravés à l'eau-forte. 15 p., très belles ép.

127 — Paysages, Animaux et Sujets divers. 14 p., très belles ép.

128 **Dessins**. La Vierge et l'Enfant-Jésus, attribué à Béham. — Tête par Léonard de Vinci. — Christ en croix, sur parchemin. — Paysage, etc. 5 p.

129 **Diétricy**. Le Marchand de mort à rats, le Marchand de lunettes, 1er état, Paysage. 3 p., très belles ép.

130 — Sujets religieux et mythologiques, Paysages, Vues. 17 p., très belles ép.

131 — Paysages. 11 p., très belles ép.

132 **Dorigny** (N.). Plafonds, Compositions mythologiques et Sujets religieux. 19 p., belles ép.

133 **Dunouy** (A.). Paysages. 37 p., belles ép.

134 **Duplessis-Bertaux**. Elleviou aux Champs-Elysées, Bataille et Sujets divers. 25 p. dont plusieurs à l'eau-forte pure.

135 **Durer** (Albert). L'Homme de douleurs aux bras étendus (B. 20). 2 ép. dont une belle.

136 — L'Enfant prodigue (B. 28). Très belle ép. légèrement rognée d'un côté.

137 Durer (Albert). La Vierge à la couronne d'étoi-
les B. 32). 3 copies en contre-partie, *non décrites.*

138 — La Vierge avec l'Enfant Jésus emmailloté (B. 38).
2 ép., dont une très belle, mais un peu rognée
en bas.

139 — La Vierge au Singe (B. 42), et la copie A. 3 p.

140 — Les Disciples de Jésus-Christ (B. 46, 47, 48, 50).
4 p., belles ép.

141 — Saint Christophe à la tête retournée (B. 51).
Belle ép.

142 — Saint George à cheval (B. 54), copie B. — Autre
copie *non décrite.* 2 p., belles ép.

143 — Les trois Génies (B. 66), plus la copie A et une
autre en contre-partie, *non décrite.* 3 p.

144 — La Mélancolie (B. 74), plus une copie en contre-
partie. 2 p.

145 — La petite Fortune (B. 78). Belle ép.

146 — La même estampe, copie en contre-partie *non
décrite.* Très belle ép.

147 — Le petit Courrier (B. 80). Très belle ép.

148 — La même estampe. Belle ép.

149 — L'Enseigne (B. 87). — Saint George à pied, copie
C (B. 53). 2 p.

150 — Les Offres d'amour (B. 93). Belle ép.

151 — Le Pourceau monstrueux (B. 95). Très belle ép.

152 — Le grand Cheval (B. 97). Belle ép.

153 — Le Cheval de la mort (B. 98). Belle ép., mais res-
taurée.

154 — La même estampe. Belle ép.

155 **Durer** (Albert). Le Cheval de la mort, (B. 98), copie
A. 2 épreuves, dont une très belle.

156 — Frédéric, électeur de Saxe (B. 104), plus la copie
A. 2 p.

157 — La Vie de la Vierge. 9 p.

158 — L'Enseigne, le Joueur de cornemuse, etc. 7 p.

159 — La Prise de Jésus-Christ (B. 7) bois. — La Cène,
copie A. — Sujets profanes (B. 127, 128). 5 p.,
belles ép.

160 — Pièces de la suite de la Passion, gravées sur bois.
15 p.

161 — Sujets religieux, portraits, etc. gravés sur bois.
10 p.

162 **Durer.** (par et d'ap.). Adam et Eve, Saint Christophe ;
Saint Jérôme, La Sainte-Face, etc. 12 p.

163 — Sujets de Vierges, La Sainte Famille, Saint-
Jérôme dans sa cellule, etc. 11 p.

164 — L'Enseigne, Le Branle, Apollon et Diane, la Sor-
cière, la Flagellation, la Vierge et Sainte Anne, etc.
12. p.

165 — La Mélancolie, Amymone, les Offres d'amour, le
grand Cheval, etc. 15 p.

166 **Dusart** (Corn.). Le Violon assis. 2 ép.

167 — Le Cordonnier renommé ; — La Ventouse. — Le
Violon assis. — La Fête de village. 4 p. belles ép.

168 — Les Mois, gravés à la manière noire. — La Hol-
landaise sur les patins. — Buveurs et Joueurs de
violon. 12 p. belles ép.

169 **Everdingen** (A.). Paysages et Vues. 43 p.

170 **Flamen** (A.). Vue de Charentonneau. — Vue du parterre de la maison de M. de Sève, à Issy. — Vue de Bagneux, du côté de Fontenay-aux-Roses. 3 p., belles ép.

171 — Vue du faubourg Saint-Léonard, à Corbeil. — Vue de Péray, du côté de Corbeil. — Vue de Saint-Hilaire. — Vue du grand canal de Longuetoise. — Vue de Conflans, du côté d'Ivry. — Vue des Moulins à poudre d'Essonne. — Vue d'un Moulin à blé près Bar-sur-Seine, etc. 12 p., belles ép.

172 — Oiseaux et Poissons. 10 p.

173 **Foch**. Paysages. 12 p., très belles ép.

174 **Fragonard** (d'ap.). Antiquités de Rome, gr. par Saint-Non. Cahier de 9 p., en bistre, toute marge.

175 **Francisque Millet**. Paysages. 10 p., belles ép.

176 **Frey** (J. de). Portraits et Sujets d'après Rembrandt, Metzu, Koning, Brecklancamp, Van Dalen, etc. 23 p., belles ép.

177 — Sujets d'après Rembrandt, Gérard Dow, Lauwers, etc. 15 p.

178 — Portraits et Sujets d'après Rembrandt et autres. 26 p., belles ép.

179 **Fyt** (Jean). Chiens (B. 11 et 13). 2 p., très belles ép.

180 **Gaywood** (R.). Etudes d'animaux. 13 p., belles ép.

181 **Genoëls**. Paysages. 30 p.

182 **Germain** (J. B.). Vues et Paysages gravés à l'eau-forte. 20 p., très belles ép.

183 **Ghein** (J. de). Cavaliers avec armures. 16 p., belles ép.

184 **Goltzius** (H.). Les quatre Saisons. 4 p., très belles ép.

185 **Goltzius** Sujets religieux et mythologiques. 9 p.

186 **Goudt** (le comte de). Paysages et sujets. 8 p., belles ép.

187 **Greuze** (d'après). Deuxième cahier de Têtes de différents caractères. Suite de 6 p.; plus une pièce d'un autre cahier.

188 **Heidloff**. Paysages. 11 p., très belles ép.

189 **Herzinger** (A.). Etudes d'animaux. 22 p.

190 **Hollar** (W.). Le Manchon. — Tête de chat. 2 p., très belles ép.

191 — Les Saisons, Sujets d'amours, Allégories, etc. 30 p.

192 — Portraits, Costumes et Etudes de têtes. 49 p., belles ép.

193 — Chiens, Bœufs et Papillons, 23 p, belles ép.

194 — Vues d'Angleterre, Paysages, Marines. 56 p.

195 **Hooghe** (Rameyn de). Vues du parc d'Enghein. 14 p , très belles ép.

196 **Hopfer** (D.). Saint-Christophe (B. 13). Le Soldat et la Femme (B. 63). — Homme à cheval enlevant une femme (B. 42), etc. 10 p.

197 — Soldat tenant une femme par la main (B. 63). Portraits d'empereurs romains et autres sujets. 12 p.

198 — Un Officier allemand portant un drapeau, accompagné d'un tambour, d'un fifre et de deux soldats (B. 66). Très belle ép.

199 — Rinceaux d'ornement et Motifs d'orfévrerie. 13 p.

200 — Sujets religieux. 30 p.

201 **Huet** (J.-B). Etudes de figures et d'animaux. 11 p.

202 **Huet** (N). Suite d'animaux, gravés à l'eau-forte. Cahier de 6 pièces.

203 **Hutin** (Ch). Fontaines, Mausolées, Sujets religiéux et historiques. 28 p. très belles ép.

204 — Sujets divers. 14 p. Belles ép.

205 **Karel du Jardin**. OEuvre de Karel du Jardin: Animaux èt Paysages. 42 pièces. Belles ép.

206 — Paysages et Animaux. 16 p.

207 **Kobell** (F). Paysages. 58 p.

208 **Kobell** et J. **Van Heeke**. Etudes d'animaux. 8 p. Belles ép.

209 **Koek**. Vues de Rome et des environs. 13 p.

210 **Kolbe** (C.W). Paysages. 19 p. Belles ép.

211 **Laër** (Pierre de). Etudes d'animaux (B. 1 à 8). Suite de 8 p. Très belles ép.

212 **Lafage** (R). Partie de l'œuvre de Raymond Lafage. 26 p. très belles ép.

213 **La Hyre** (Laurent de). Sujets religieux et mythologiques. 14 p.

214 **Lairesse** (Gérard de). Compositions allégoriques et Sujets divers. 26 p.

215 **Langlois**, du Pont de l'Arche. Vues de Rouen et de Normandie. — Frontispices. — Détails d'architecture et Compositions allégoriques. 22 p.

216 **Leclere** (Séb). L'Académie des Sciences et des Beaux-Arts. 2 p. différentes. Très belles ép.

217 — Histoire de Psyché. Suite de 4 pièces; très belles ép., toute marge.

218 — La grande Galerie de Versailles. — La Galerie de l'Hôtel Royal des Gobelins. — La forteresse de Montmelian. — L'Apothéose d'Isis. 5 p. très belles ép.

219 — Têtes de pages, fleurons. — Plafond de Versailles. 9 p. Très belles ép. glomisées.

220 — Sièges, Batailles, Vues et Vignettes. 20 p

221 **Leclerc** (Seb.). Sujets de l'ancien et du nouveau Testament. — Batailles. — L'Académie des Sciences. — Entrée d'Alexandre dans Babylone, etc. 54 p.

222 — Costumes. — Principes de dessin. — Vues et Paysages. 82 p.

223 **Le Prince** (J.-B). Vignettes. — Sujets de genre. — Costumes russes. 33 p. en bistre et en noir, belles épreuves.

224 **Leyde** (Lucas de). Adam et Eve chassés du Paradis par un ange (B. 4). — Adam et Eve fugitifs. (B. 11). 2 p.

225 — L'Histoire de Joseph (B. 21, 22, 23), copies en contre partie. 3 p.

226 — David jouant de la harpe devant Saül (B. 27). Belle ép.

227 — Salomon adorant les Idoles (B. 30). — Les deux Vieillards apercevant Suzanne au bain (B. 33). 2 p.

228 — Saint Joachim et Sainte Anne (B. 34). 2 ép.

229 — Sujets de la Passion (B. 43, 46, 47, 49, 55). 6 p.

230 — Le Couronnement d'épines (B. 68). — Des Soldats faisant boire Jésus-Christ avant de le crucifier (B. 73). — Saint Jean-Baptiste (B. 110). 3 p.

231 — La Vierge debout sur un croissant. (B. 81) — Saint Christophe (B. 108). — Saint Antoine (B. 116). 5 p.

232 — Jésus-Christ et les Apôtres, debout (B. 86-99). Suite de 13 p.

233 — Les quatre Evangélistes (B. 100-103). 4 p.

234 — Les Musiciens (B. 155). Belle ép.

235 — Portrait de l'empereur Maximilien Ier (B. 172).

236 — Ecusson rempli par un mascaron, Compositions d'ornement. 3 p.

237 **Leyde** (Lucas de). Caïn et Abel. Le Couronnement
d'épines, Apôtres, Saint Jérôme, La Madeleine, Les
Gueux, etc. 15 p.

238 **Leyde** (par et d'ap. Lucas de). Les Evangélistes. — *Ecce homo* — Le Couronnement
d'épines. — Saint Pierre et Saint Paul —
Saint Jérome dans le désert. — Les Gueux, etc.
20 p.

239 **Livens** (Jean). Etudes de têtes, Saint Antoine, etc.
7 p. Belles ép.

240 **Loir** (Nic). Saintes Familles et Vierges. (R. D.
1 à 12); Suite de 12 pièces du 2e état avant que
l'adresse de Mariette ait été effacée.

241 — Sujets d'Amours. — Saintes Familles. 18 p.

242 **Londonio** (F). Bergers gardant leurs troupeaux. —
Sujets rustiques — Animaux. 38 p. dont plusieurs
imprimées à deux tons, sur papier bleu.

243 **Lorrain** (Claude). Scène de brigands (R. D. 12).
Belle ép. du 3e état avant que les angles aient été
arrondis. Rare.

244 — Le Port de mer à la grosse Tour (R. D. 13). 3e état.
— Le Pont de bois (R. D. 14). — Le Troupeau en
marche par un temps orageux (R. D. 18) 3e état. —
Le campo Vaccino (R. D. 23). 5e état. — Le Pâtre et
la Bergère (R. D. 25). 2e état. 5 pièces.

245 **Maas** (D). Exercices du cheval. 9 p. Très belles ép.

246 **Manglard** (Adr). Recueil de Vues, Marines et Compositions diverses. Cahier de 32 p. Belles ép.

247 **Manglard** et **Mauperché**. Vues de Rome,
Marines et Paysages. 31 p. Belles ép.

248 **Mantuan** (G. et D.). Vénus et Vulcain, Hercule,
Regina Angélorum, Frontispice, etc. 12 p.

249 **Mellan** (Cl). OEuvre de Claude Mellan: Sujets
religieux, Allégories, Portraits, Frontispices, Statues,
etc. 65 p. dont quelques-unes en plusieurs états.

250 **Met**. (Maître au monogramme Cor.). Gueux dansant. 22 p.

251 **Meunier** (L.). Différentes Vues des palais et jardins de plaisance des rois d'Espagne, 57 p. très bélles ép.

252 **Heyeringh**. Paysages. Suite de 26 p., très belles ép. (le n° 10 manque).

253 **Montagne** (Michel). Marines. 10 p., dont deux en 1ᵉʳ état.

254 **Morin** (J.). Paysages. 27 p., très belles ép. ; plusieurs sont en 1ᵉʳ état.

255 **Nether**. Son œuvre, complet en 21 p. Très belles épreuves.

256 — Partie de son œuvre. 13 p., belles ép.

257 **Neve** (Fr. de). Paysages avec sujets mythologiques. 5 p., belles ép.

258 **Nielles**. Sujets religieux. — Médaillon hexagone, avec sujets mythologiques. 7. p., belles ép.

259 **Nieulandt** (Van). Vues des Antiquités et Ruines de Rome. Cahier de 26 p., belles ép.

260 **Nolpe** (P.). Buveurs et joueurs de violon. 4 p., belles ép.

261 **Norblin**. Partie de l'œuvre de Norblin. 28 p., très belles ép.

262 **Nothnagel**. Paysans et Etudes de Têtes. 18 p., belles ép.

263 **Ornements divers**. Frontispice de forme carrée, avec trois cartouches en blanc, entouré d'arabesques. Très belle ép.

264 — Frontispice, avec trois cartouches, entouré d'arabesques. Très belle ép.

265 **Ornements divers**, Arabesques, Montant d'ornement, Joyaux. 5 p., très belles ép.

266 — Gaines et Montants d'ornement. 5 p., très belles
épreuves.

267 — Boîtes de montres, Croix, Agrafes, Manches de
couteaux. 15 p., très belles ép.

268 — Frises, Boites de Montres, Arabesques. 10 p. —

269 — Arabesques, Bordures, Plats. Frises, par Aldegraver, Crisp. de Passe, etc. 22 p.

270 — Par Virgile Solis et autres. 21 p.

271 — Sujets d'amours, Combats, Chasses, Camées,
Marche de gens de guerre. 15 p.

272 — Feuilles de manuscrits, avec lettres ornées et
arabesques, sur parchemin. Environ 25 p.

273 — Copies d'ornement, d'après Aldegraver, Dentelles,
Joyaux, etc. 31 p.

274 **Ostade** (Adr. Van). Le Veilleur (B. 8). 2 ép., dont
une tirée avant que les travaux dans les ombres
n'aient été rentrés au burin.

275 — Le Fumeur à la fenêtre (B 10). — Les Haran-
gueurs (B. 19). — La Grange (B. 23). 3 p., belles ép.

276 — La Chanteuse (B. 30). — Le Peintre (B. 32). —
Le Charlatan (B. 43). 3 p., belles ép.

277 — Les Musiciens ambulants (B. 38). — La Fête sous
la treille (B. 47). 2 p., belles ép.

278 — Le Savetier. — L'Ecole. — Le Charlatan. —
L'Homme conversant avec la Femme, etc. 6 p.

279 **Ostade** (Par et d'après). Paysans, Scènes de cabaret.
25 p.

280 **Ozanne**. Marines, gravées à l'eau forte. 25 p.

281 **Parrocel** (C.) Ecole de cavalerie. 31 p.

282 **Passe** (Crispin de). Orphée, Arion, Amphion, Apollon. Suite de 4 p., très belles ép.

283 — Sainte Catherine, L'Enfaut Jésus, Les Quatre Points cardinaux. 7 p., belles ép.

284 **Penez** (George). Histoires d'Abraham et de Tobie (B. 5, 14, 15, 17, 18, 19). 7 p.

285 — Tobie devient aveugle (B. 15). — Horace Coclès (B. 80). — Le Jugement de Paris (B. 89). 4 p., belles épreuves.

286 — Salomon adorant les idoles (B. 22). — Le Triomphe de l'Amour (B. 117). — Titus Manlius. — Régulus. 4 p.

287 — La Conversion de Saint Paul (B 69). — Sujets de l'Histoire romaine (B. 80-81). 3 p., belles ép.

288 — Thomiris (B. 70). — Pâris et OEnone (B. 72). — Thétis et Chiron (B. 90). 3 p., belles ép.

289 — Mutius Scevola. — Marcus Curius (B. 74-75). 2 p., très belles ép.

290 — Artémise (B. 83). Belle ép.

291 — La Paresse (B. 100). — Les Arts libéraux (B. 110, 111, 113, 116), etc. 8 p.

292 — Composition d'ornement (B. 123). 2 ép.

293 — La Rhétorique, la Musique, la Géométrie, l'Ouïe, l'Odorat, etc. 11 p., belles ép.

294 **Pérignon** (N.) Paysages. 25 p., très belles ép.

295 **Picart** (B.). Recueil de Lions, d'après Rembrandt. Suite de 12 p., très belles ép.

296 — Le Lutrin, de Boileau, in-fol. Suite complète de 7 p., belles ép., toute marge.

297 — Fleurons et frontispices, Sujets mythologiques, etc. 18 p., très belles ép.

298 **Plonski**. Petits Sujets, en partie d'après Rembrandt. 26 p.

299 **Potter** (Paul). Différents Bœufs et Vaches (B. 1 à 8), etc. 12 p., très belles ép.

300 — Chevaux, Vaches, etc. 27 p.

301 **Raffet**. Vignettes pour l'histoire de la Révolution. in-8. 42 p., très belles ép. sur chine.

302 — Sujets de batailles et Vignettes sur la Révolution. 20 p.

303 **Raimondi** (Par et d'ap.). La Cassolette, les Chanteurs, la Femme aux deux éponges, l'Homme à genoux à la lisière d'un bois, Joseph et Putiphar, les trois Grâces. 7 p., belles ép.

304 — Saint Paul préchant à Athènes, la Vierge au Poisson, le Zodiaque, Sainte-Cécile, la Vierge à l'escalier, Alexandre faisant serrer les livres d'Homère, etc. 19 p.

305 — Histoire de Psyché, d'après Raphaël. 25 p., belles ép.

306 — Sujets de l'école de Marc Antoine Raimondi. 30 p.

307 **Ranel** (J.). Têtes d'animaux. 7 p., belles ép.

308 **Reinhart** (C.). Etudes d'animaux. 15 p., très belles ép.

309 — Paysages. 17 p.

310 **Rembrandt**. Portrait de Rembrandt au sabre (Cl. 18). Très belle ép.

311 — Portrait de Rembrandt aux trois crocs (Cl. 28) — Tête de vieille femme. 2 p., belles ép.

312 — La Vierge et l'Enfant Jésus sur des nuages (Cl. 65). Belle ép.

313 — Jésus au milieu des docteurs (Cl. 68). Très belle ép.

314 — La petite Résurrection de Lazare (Cl. 76). Belle ép.

315 — Jésus en croix entre les deux larrons (Cl. 84). Belle ép.

316 **Rembrandt**. Le Retour de l'Enfant prodigue (Cl. 95).
— Pierre et Jean à la porte du temple (Cl. 97). 2 p.

317 — La mort de la Vierge (Cl. 102). Belle ép.

318 — Sujet de bataille (Cl. 119). Très belle ép.

319 — La même estampe. Très belle ép.

320 — Le jeu du Kolf (Cl. 127). — Vieillard à courte
barbe (Cl. 148). — Gueux estropié (Cl. 176). p.,
belles ép.

321 — Figure polonaise (Cl. 139). Très belle ép., avec les
bords raboteux.

322 — Vieillard à barbe courte (Cl. 148). Très belle ép.

323 — Gueux et Gueuse (Cl. 161). — La Femme à la cale-
basse (Cl. 165), etc. 4 p.

324 — Gueux assis au bas d'un mur (Cl. 170). Belle ép.

325 — Paysage à la Tour carrée (Cl. 215). Très belle ép.

326 — La Barque à la voile (Cl. 235). Belle ép.

327 — Vieillard à barbe carrée (Cl. 262). Belle ép.

328 — Portrait de Faustus (Cl. 267). Belle ép.

329 — Clément de Jonghe (Cl. 269). — Le jeune Haaring
(Cl. 272). — Jean Asselin (Cl. 274). 3 p.

330 — La Liseuse (Cl. 335). Très belle ép.

331 — Vieille à bouche pincée (Cl. 342). 2 ép., dont une
belle.

332 — Griffonnements avec la tête de Rembrandt très
finie (Cl. 363). Belle ép.

333 **Rembrandt** (par et d'ap.). Jésus et la Samaritaine,
l'Adoration des bergers, les Musiciens ambulants, le
Dessinateur d'après le modèle, Portraits de Rembrandt et autres. 33 pièces.

334 — Sujets religieux et mythologiques, Paysages
34 p.

335 **Rembrandt** (par et d'ap.). Le Peseur d'or, le Bourgmestre Six, Portraits. 20 p.

336 — Le Peseur d'or, le Bourguemestre six, Coppenole, la Descente de croix, la Mort de la Vierge, etc. 23 p.

337 — Portraits et Sujets divers. 102 p.

338 — Le bon Samaritain, le Philosophe, le Prince de Gueldres, la Femme de Rembrandt, etc. 25 p.

339 **Ribéra** (Jos.). Le martyre de Saint-Barthélemy, avec une contre épreuve. — Saint Pierre. — Le poète. 5 p., très belles ép.

340 **Riédel** (A.). Les Sacrements, d'après G. Crespi, Portraits. 10 p., belles ép.

341 **Robert** (Léop.). Pêcheurs napolitains. 20 p. gravées à l'eau-forte.

342 **Roos** (H.). Moutons et Chèvres. 8 p., très belles ép.

343 **Rugendas**. Sujets militaires, gravées à l'eau-forte. 25 p., belles ép.

344 — Batailles. 12 p., belles ép., imprimées à deux tons.

345 **Saint-Non**. Sujets d'après les Tableaux dessinés à Rome par Fragonard. — Sujets d'après les antiques. 13 p.

346 **Salvator Rosa**. Combats de Tritons, Sujets mythologiques, Gens de guerre, etc. 55 p., très belles ép.

347 **Schénau**. Sujets d'enfants et Etudes de têtes. 13 p.

348 **Schmidt** (G.-F.). Portraits et Sujets d'après Rembrandt et autres. 13 p.

349 **Schut** (Corn.). Sujets religieux et mythologiques. 9 p., belles ép.

350 **Silvestre** (Isr.). Paysages, de forme ronde. Cahier de 10 p. avant toutes lettres.

351 **Stoop**. Sujets d'animaux. 19 p.; très belles ép.

352 — Études d'animaux, 21 p.

353 **Suyderhoëf**. Le Trio musical, d'après Ostade. Très belle ép.

354 — Les trois Commères. — Joueurs au cabaret, d'après Ostade. 2 p., très belles ép.

355 **Swanexelt** (Herman). Paysages et Animaux. 112 p., belles ép.

356 **Tempesta** (Ant.). Batailles, Chasses, Sujets de la Bible, etc. 34 p., belles ép.

357 **Téniers** (D.). Petits Sujets, gravés à l'eau-forte. 10 p.

358 — Tentation de saint Antoine. — Le bon Père. — Musiciens, etc. 16 p., belles ép.

359 **Testa** (Pietre). Sujets religieux et historiques. 26 p., belles ép.

360 **Uytenbrouck**. Bergers gardant leurs troupeaux. 5 p., belles ép.

361 **Velde** (Adr. van de). Sujets d'animaux. 10 p., très belles ép.

362 — Études d'animaux. 20 p., très belles ép.

363 **Velde** (J. van de). Vanitas vanitatum. Suite de 16 p. avec frontispice.

364 — Sujets, Marines et Paysages. 29 p., belles ép.

365 **Vénitien** (Aug.). Vénus et l'Amour. — Arabesques. — Statue, etc. 10 p.

366 **Villot** (Fréd.). Essais et Études à l'eau-forte, par Frédéric Villot, 1831. 7 p., très belles ép.

367 **Vredman Vries**. Plans de jardins. 16 p., belles épreuves.

368 **Vurbach** (J.). Sujets religieux et mythologiques, gravés à l'eau-forte. 17 p., belles ép.

369 **Waël** (C. de). Les Saisons. — Les Sens. 6 p.

370 **Waterlo** (Ant.). Petits Paysages, gravés à l'eau-forte. 40 p., belles ép.

371 — Paysages. 32 p.

372 — Grands Paysages. 41 p.

373 **Weirotter.** OEuvre de Weirotter : Vues, Paysages et Marines. 55 p., belles ép.

374 **Wiérix** (Ant.). Images et Sujets religieux. 67 p., belles ép. Très beau lot.

375 **Wiek** (Th.). Les Joueurs. — La Couseuse. — L'Homme ajustant sa chaussure. — La Fileuse et le Forgeron. — La Femme portant deux paniers. — Paysages. 19 p., belles ép.

376 **Zéeman.** Marines. Cahier de 8 p., belles ép.

377 — Marines. 18 p., belles ép.

GRAVURES EN LOTS

378 **Gravures** par et d'après Aldegraver, Goltzius, Jean Valdor, de Mallery, Hollar, etc. 40 p.

379 — Par Altdorfer, Beham, Cor. Met., V. Solis, etc. 31 p.

380 — Par A. Durer, Lucas de Leyde, Martin Schœn, etc. 52 p.

381 — Par Goltzius, Lucas de Leyde, le Titien, le comte de Goudt, Demarteau. Claussin, etc. 34 p.

382 — Par Mair, de Ghein, de Bruyn, Martin Frey, etc. 22 p.

383 — Par George Pencz. Beham, etc. 20 p.

384 — Par Virgile Solis. Crispin de Passe, Corn. Bos, etc. 44 p.

385 Anciennes Gravures sur bois. 5 p.

386 Eaux-Fortes et Gravures par Biscaïno, Bartoli, Le Bolognèse, Cantarini. Les Carrache, Batista Franco, Polidore de Caravage, Guido Reni, etc. 96 p.

387 — Par Bonasone, Ch. Alberti, Polidore, Enée Vico, B. Montagna, Michel-Ange, J. Romain, etc. 51 p.

388 — Par Aug. Carrache, Farinati, le Guide, le Parmesan, Michel-Ange, etc. 96 p.

389 — Par Léon Davent, Balestra, Ottavio Leoni, Mitelli, Piranesi, Novelli, Villamena, Pinelli, etc. 134 p.

390 — Par Carle Maratte, le Parmesan, Tiépolo, 21 p.

391 — De l'école italienne ancienne. 22 p.

392 Paysages par van Aken, Almeloven et Ruysdaël. 19 p.

393 — Par Berghem, Genoëls, van Hecke, Naivyncx, Zéeman, Cuyp, J. Esselens, etc. 42 p.

394 Sujets d'animaux par Blecker, J. Fyt, F. Muller, Biedermann, Brand, Dietsch, etc. 55 p.

395 Paysages, Vues et Etudes d'arbres par Bargas, V. Dillis, Karel du Jardin, Frisius, Bemel, Gessner, Glauber, etc. 75 p.

396 — Par Deyster, Duncker, Falbe, Fuchs, C. Galle, Geyser, Versuch, Horthemels, Rom. de Hooghe, Holzer, etc. 67 p.

397 — par Heimlich, F. Kobell, Huber, Brand, Klass, Klengel, Lingelbach, etc. 70 p.

398 Sujets d'animaux. par van Heeken, Klein, P. Potter, Schmitt, Swanevelt, van Os, van de Velde, Corn. Visscher, etc. 71 p.

399 — Par Karel du Jardin, Goltzius, Matham, van Uden, Vlieger, Corn. Visscher, etc. 35 p.

400 Paysages et Marines par K. du Jardin, Prins, Breenberg, Stéphens, Voët. 63 p.

401 Paysages par Meckau, Meyer, Meyringh, Milatz. Mossmer, etc. 54 p.

402 — par Van Nieulandt, Réclam, Richberger. De Nève, Roghman, Saftleven, Schalkaas, etc. 55 p.

403 Gravures par et d'après Mieris, Bleker, C. Bloëmart, Ferd. Bol, Breughel, Dietsch, Wolfgang, etc. 34 p.

404 — par et d'après Ostade, Jordaens, Hans Bol, Rom. de Hooghe, Schmidt, Agricola, Baader, Béga, Bloémart, Claessens, etc. 93 p.

405 — par Reyberg, Schunter, de Vriese, de Waël, Vischer, etc. 42 p.

406 Portraits et sujets, d'après Rembrandt, Jean Livens, Gérard Dow, etc. 27 p.

407 Gravures par et d'après Rembrandt, Jean Livens, Van Uliet, etc. 63 p.

408 — par et d'après Rembrandt, Ferd. Bol, Van Uliet, 73 p.

409 — Portraits, Têtes d'étude et Sujets, d'après Rembrandt et ses élèves. 95 p.

410 Gravures par Troger, Van Somer, Sadeler, VanLande, P. Lombart, Maas, Quellinus, etc. 52 p.

411 — par J. Van de Velde, Van Venne, Zeutner, etc. 36 p.

412 Paysages et vues. 68 p.

413 Gravures par Ad. Allou, Atoch, Chédel, Pérignon, etc. 65 p.

414 — par W. Baillie, Gillot, J. Bellange, Callot, M. Lecomte, Bergeret, Le Bas, etc. 71 p.

415 — par Baltard, Abr. Bosse, Les Audran, F. Boucher, J. Boulanger, Boullogne, Séb. Bourdon, etc. 86 p.

416 — par Chapron, Chauveau, de la Hyre, Chédel, de Claussin, A. Coypel, etc. 96 p.

417 Paysages et Marines, par Chédel, Güeroult, J. B. Leprince, Lesueur, etc. 50 p.

418 Gravures, par C. David, Ferdinand, Daret, Léonard Gaultier, etc. 68 p.

419 Paysages par De Boissieu, Castellan, J. B. Corneille, Desfontaines, Demarne, etc. 72 p.

420 Gravures par Gillot, Lepautre, Dassonville, de Favanne, Fragonard, La Rue, N. Guérard, etc. 54 p.

421 — par Grég. Huret, Landry, J. G. Wille, Legrand, Henriquez, J. B. Huet, Lonterbourg, etc. 60 p.

422 Gravures diverses par Lalive de Jully, Amand, Duplessis-Bertaux, Bidault, Collin de Vermont. Maria Cosway, A. Coypel, Dazincourt, Houél, Jazet, La Barthe, de Lorimier, Nicolle, Parizet, Pérignon, Peyron, de Saint-Far, Sergent-Marceau, Varin, Duclos, Bonnet, N. Hallé, Lagrénée, Lemire, etc., 96 p. dont plusieurs à l'eau-forte pure,

423 — par Lebas, Morret, Louterbourg, Ozanne, B. Picart. Aliamet, Parizeau, Chédel, etc. 105 p.

424 — par Louis Moreau, Palaiseau, Hubert-Robert, Jos. Vernet, Viglianis, etc. 93 p.

425 — D'après Oudry, Paul Potter; Vignettes, Vues, Gravures au trait, etc. 60 p.

426 — par Pérelle, Peyron, Moitte, Parizeau, Jos. Parrocel, Watelet, etc. 84 p.

427 — par Fr. Perrier, Poilly, Prévost, Rivalz, Roullet, Sarrabat, Scalberge, Cl. Stella, Tardieu, Wille, etc. 120 pièces.

428 Adresses, Etiquettes de pharmacien, en blanc, etc. Environ 100 p.

429 Cadres de Portraits tirés en blanc, et à grandes marges. 100 p.

430 Frontispices anciens et gravures diverses. 129 p.

431 — Sujets religieux anciens. 106 p.

432 Sujets religieux modernes. 59 p.

433 — Sujets religieux modernes, Images, etc. Environ 200 p.

434 Gravures d'après les tableaux du Louvre, publiées par Filhol et autres. Environ 200 p. très belles ép.

435 Portraits lithographiés : Le Comte de Lasteyrie, Sénéfelder, Parizet, madame de Rozière, Talma, Raspail, etc. 31 p.

436 — Portraits et brochures relatives à Decamps. 6 p.

437 — Portraits et sujets par Géricault, Girodet, Guérin, Marlet, Hersent, etc. 29 p. avant et avec la lettre.

438 — Portraits et sujets tirés de l'Histoire de France, par A. Hugo. Environ 150 p.

439 — Portraits anciens et modernes, Gravures diverses, Catalogue de la Chalcographie du Louvre, 1851, in-4. Environ 200 p.

440 Chronologies et petits Portraits anciens et modernes. Environ 300 p.

441 Grandes Etudes de têtes par Bonnet, Duruisseau, Carrée, Lucien, Demarteau, etc. 19 p. à la sanguine et aux trois crayons.

442 — Etudes de têtes, par Janinet, Bonnet, Demarteau, etc. 30 p. à la sanguine.

443 — Etudes de figures par Demarteau, Janinet, Roubilliac, etc. 46 p. à la sanguine.

444 — Etudes de figure et de paysage. 52 p. en noir et en couleur.

445 — Grandes Etudes de têtes gravées et lithographiées. 69 p.

446 Petits Sujets gravés à l'eau forte, Les Caractères des passions d'après Le Brun. Frontispices et gravures sur bois. 80 p.

447 — Les Caractères des passions de Lebrun, Sujets de chasse. Gravures de modes, Couvertures de livres, Prospectus, etc. Environ 150 p.

448 Prospectus et Spécimens d'ouvrages illustrés, Couvertures, Affiches et Caricatures. Un fort lot.

449 Gravures et Lithographies par L. Boulanger, Bérat, Pernot, Sénéfelder, etc. 61 p.

450 Lithographies par Raffet, Grénier, Biard, etc. 25 p.

451 — Lithographies coloriées d'après des triptiques, Images en couleurs. 28 p.

452 Vignettes modernes et Gravures d'après des tableaux du Louvre. Environ 100 p. avant et avec la lettre.

453 — Vignettes sur bois tirées d'ouvrages de la période romantique. Environ 200 pièces, dont quelques-unes sur chine non collé.

454 — Entêtes par Gravelot, Vues et Gravures diverses. Environ 150 p.

455 Panoramas de Paris, lithogr. par Cadolle, in-fol. 15 p. quelques doubles.

456 Gravures anciennes et modernes, Dessins. Environ 150 p.

457 — Gravures diverses, Lithographies, Croquis, Gravures sur bois. Environ 200 p.

458 Environ trente Portefeuilles, la plupart recouverts en parchemin, en très bon état.

Vve Renou et Maulde, imprimeurs de la Compagnie des Commissaires-Priseurs, rue de Rivoli, 144, 500—54275

IMPRIMERIE
V⁰ RENOU, MAULDE & COCK
Rue de Rivoli, 144

www.ingramcontent.com/pod-product-compliance
Ingram Content Group UK Ltd.
Pitfield, Milton Keynes, MK11 3LW, UK
UKHW021151140726
13695UKWH00005B/2069